Rebelles

PRESIDENT
JOHN F. KENNEDY

Scénario : Maryse et Jean-François Charles
Dessin : Thierry Bouüaert
Couleurs : Benoît Bekaert

casterman

Avertissement

On dit qu'à l'instant de mourir, nous voyons défiler toute notre vie sous forme de flashes. C'est en tout cas sous cette forme particulière que Maryse et Jean-François Charles ont décidé, avec la complicité de dessinateurs talentueux, d'approcher quelques hommes et femmes d'exception.

Rebelles, ils ont voulu changer la vie et tous ils sont morts tragiquement. Ils ont néanmoins laissé des traces dans notre imaginaire : ce sont devenus des personnages mythiques, des icônes contemporaines qui appartiennent désormais à la mémoire collective.

En se documentant à leur sujet, les auteurs ont découvert des zones d'ombre et des aspects moins connus de la personnalité du Che ou de Kennedy... Quitte à démystifier les images qui nous hantent, les auteurs n'ont pas hésité à mettre en scène ces aspects-là aussi. C'est un parti pris audacieux : si la légende en prend parfois un coup, les individus, avec leurs défauts et leurs hésitations, nous permettent d'entrevoir une autre histoire, loin des clichés et des idées reçues.

Arnaud de la Croix

www.casterman.com

ISBN 2-203-39153-7

Imprimé en Italie par Lego. Dépôt légal : avril 2006 ; D. 2006/0053/19.

McMAHON
ROASTY RIBB'S
RESTAURANT
DRUG
MOTEL
PARKING
FOR LEASE

1.

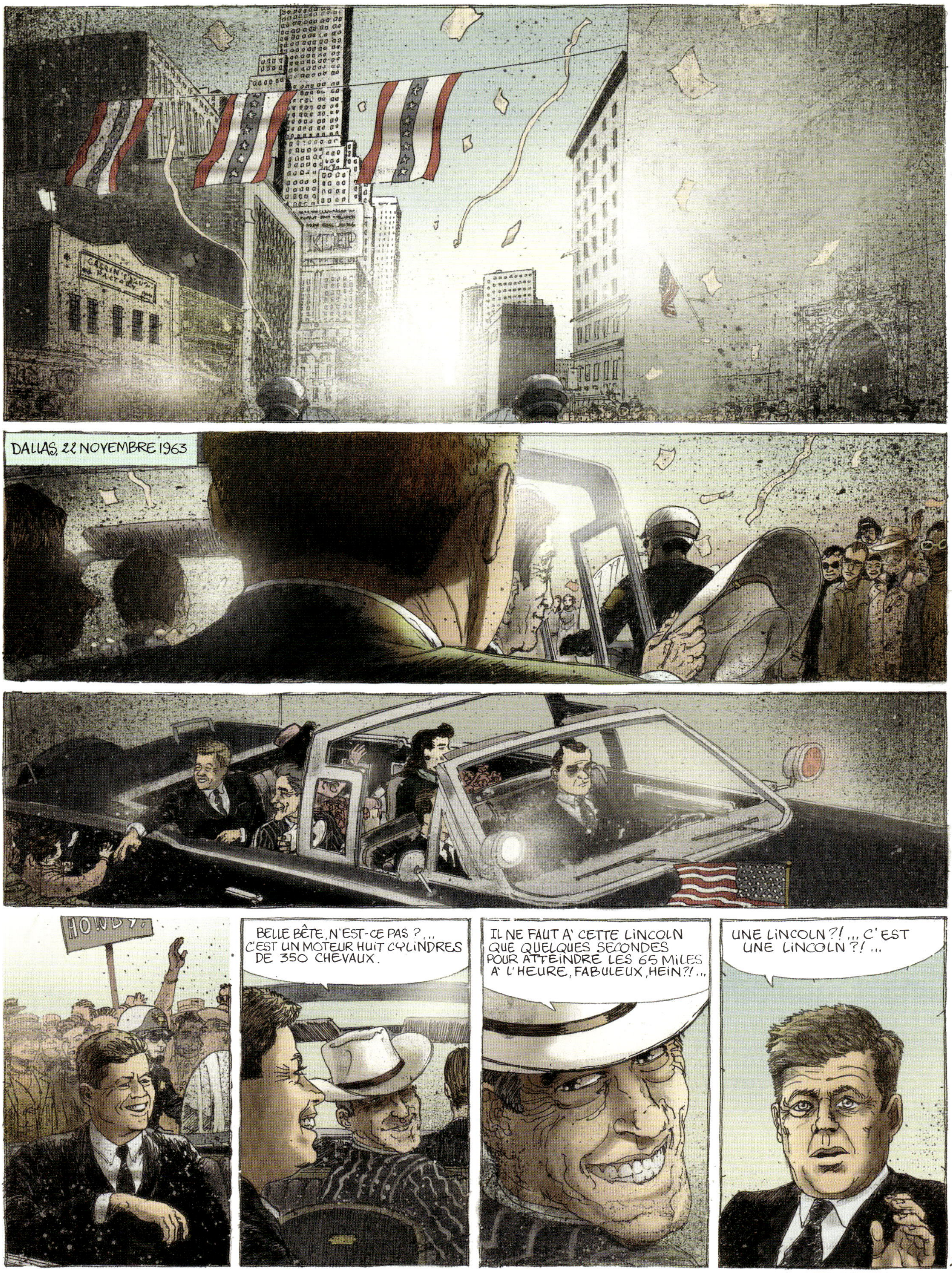
DALLAS, 22 NOVEMBRE 1963
BELLE BÊTE, N'EST-CE PAS ?... C'EST UN MOTEUR HUIT CYLINDRES DE 350 CHEVAUX.
IL NE FAUT À CETTE LINCOLN QUE QUELQUES SECONDES POUR ATTEINDRE LES 65 MILES À L'HEURE, FABULEUX, HEIN ?!...
UNE LINCOLN ?!... C'EST UNE LINCOLN ?!...

ALORS, EVELYN, QU'Y A-T-IL DE SI URGENT ?
OH, MONSIEUR LE PRÉSIDENT, ON A ENCORE REÇU UNE LETTRE DE CETTE VOYANTE QUI CROIT À LA LOI DES SÉRIES.
ELLE VOUS SUPPLIE DE NE PAS VOUS RENDRE À DALLAS ET VOUS RAPPELLE UNE FOIS DE PLUS QUE LE PRÉSIDENT LINCOLN ET VOUS-MÊME AVEZ ÉTÉ ÉLUS AU CONGRÈS PUIS ÉLUS PRÉSIDENT À CENT ANS D'INTERVALLE !...
ET QUE NOS VICE-PRÉSIDENTS S'APPELLENT TOUS DEUX JOHNSON ET QU'ILS SONT NÉS EUX AUSSI À CENT ANS D'INTERVALLE !... JE SAIS...
FOUTAISES QUE TOUT CELA. ON PEUT TOUJOURS FAIRE DIRE AUX CHIFFRES CE QUE L'ON VEUT !
SURTOUT QUAND TOUT LE MONDE SAIT QUE DALLAS EST LA VILLE LA PLUS ANTI-DÉMOCRATE DE TOUT LE TEXAS !
CHAUFFEUR, ARRÊTEZ-VOUS, JE VOUS PRIE...
MAIS, MONSIEUR LE PRÉSIDENT...
OUAIS. ÇA A MARCHÉ ! IL VIENT VERS NOUS.
M. LE PRÉSIDENT ! ARRÊTEZ-VOUS ET SERREZ-NOUS LA MAIN
3.

ELLE INSISTE AUSSI, MONSIEUR LE PRÉSIDENT, SUR LE FAIT QUE JE M'APPELLE LINCOLN ET QU'UNE SECRÉTAIRE D'ABRAHAM LINCOLN S'APPELAIT KENNEDY, EMILY KENNEDY !
BROOOO RACK BROOO
GG-300
VOUS AVEZ VÉRIFIÉ ? ...
EUH... NON !...
AH !... NOUS SERONS BIENTÔT ARRIVÉS.
CERTAINES DE SES COMPARAISONS SONT PEUT-ÊTRE TIRÉES PAR LES CHEVEUX, MAIS AVOUEZ, MONSIEUR, QUE C'EST TROUBLANT ! ...
MONSIEUR LE PRÉSIDENT, VOUS NE POURREZ PAS DIRE QUE DALLAS NE VOUS A PAS FAIT BON ACCUEIL !
ELLE VOUS RAPPELLE AUSSI QUE LINCOLN A ÉTÉ TUÉ, UN VENDREDI DANS UN THÉÂTRE DU NOM DE KENNEDY ET VOUS RECOMMANDE D'ÉVITER, LES VENDREDIS, TOUT LIEU PORTANT LE NOM DE LINCOLN.
BON !... AUCUN AUTRE ORDRE DU JOUR, EVELYN ?

CRACK
QU'EST-CE QUE C'ÉTAIT?... UN PÉTARD? ...
JE N'EN SAIS RIEN! JE NE VOIS PAS DE FUMÉE ...
CRACK
CRACK
HE DALLAS MORNING
COME TO DALLAS
KENNEDY!

AOÛT 1944. HYANNIS PORT
JE SUIS SI CONTENTE QUE TU AIES PU VENIR PASSER QUELQUE TEMPS AVEC NOUS, KICK !
ET LE WEEK-END PROCHAIN, ROSEMARY ET JOE SERONT LÀ, EUX AUSSI. NOUS SERONS ENFIN TOUS RÉUNIS !
C'EST POUR MOI ! VEUILLEZ M'EXCUSER.
6.

OH NON ! CE N'EST PAS UNE MAUVAISE NOUVELLE, J'ESPÈRE !
SI C'EN EST UNE, NOUS LE SAURONS BIEN ASSEZ TÔT ! PRIONS ! C'EST TOUT CE QUE NOUS POUVONS FAIRE !
AH !... J'ENTENDS PAPA !
ROSE ! LES ENFANTS ! IL VA NOUS FALLOIR BEAUCOUP DE COURAGE !... C'EST JOE !
SON AVION A EXPLOSÉ EN PLEIN CIEL. ON NE SAIT PAS POURQUOI. ILS N'ONT RIEN RETROUVÉ.
NON JACK !... PAS TOI !... MAINTENANT, TU ES L'AÎNÉ ! TU DOIS ÊTRE FORT !...
LA SEMAINE PROCHAINE, JE VEUX QUE TU POSES TA CANDIDATURE AU CONGRÈS !
MAIS, PAPA !
JACK ! C'EST TON DEVOIR !
7.

1946, BOSTON.
BOWDON STREET.
CAFETERIA
BRADY CAFETERIA
DRESSMAKERS
TILDEN
BAR
TAiLOR
SECOND HAND SINCE 1895
122
Irish barber
BARBER SHOP
SHOEMAKER Shop
MUMMY !... C'EST TOI ?!... MAIS C'EST FORMIDABLE !
3rd Floor
8.

JACK! CETTE CIRCONSCRIPTION EST UNE DES PLUS PAUVRES DU PAYS, C'EST BIEN CONNU !
JE SAIS QUE TU L'AS CHOISIE PARCE QU'ELLE ÉTAIT VACANTE !
MAIS EST-CE QUE TU TE RENDS COMPTE QUE TU COMMENCES À RESSEMBLER DE PLUS EN PLUS À TES FUTURS ÉLECTEURS !
MUMMY ! C'EST VRAI QUE CES QUARTIERS SONT SURTOUT PEUPLÉS D'IMMIGRÉS ET DE FAMILLES NOMBREUSES SANS GRANDES RESSOURCES...
...ET QU'ILS VIVENT POUR LA PLUPART DANS DES LOGIS MALODORANTS.
MAIS C'EST JUSTEMENT CES GENS-LÀ QUE JE VEUX REPRÉSENTER !...
SI JE VAIS VERS EUX, SI JE LEUR EXPLIQUE SIMPLEMENT QUE JE COMPRENDS LEURS PROBLÈMES ET QUE JE SUIS PRÊT À DÉFENDRE LEURS REVENDICATIONS, ALORS, ILS ME FERONT CONFIANCE, J'EN SUIS SÛR !
ILS VOTERONT POUR MOI, LE MILLIONNAIRE SORTI DE HARVARD ET JE SERAI FIER DE DÉFENDRE LEURS INTÉRÊTS !
9.

TU AS RAISON, JACK ! LES NÔTRES AUSSI ÉTAIENT PAUVRES ET MÉPRISÉS QUAND ILS SONT ARRIVÉS D'IRLANDE, VOICI QUELQUES GÉNÉRATIONS !
TU PEUX COMPTER SUR MOI ! JE PARLERAI AUX MÈRES DE FAMILLE.
NOUS NE SOMMES PAS BIEN DIFFÉRENTES. BEAUCOUP, HÉLAS, ONT PERDU AUSSI UN FILS À LA GUERRE !
MAIS TOI, PROMETS-MOI DE FAIRE UN EFFORT POUR TE COIFFER CORRECTEMENT, PORTER UN COSTUME QUI NE SOIT PAS ÉLIMÉ, ET CHANGER PARFOIS DE CHAUSSURES !
HÉ !
IL ME SEMBLE QU'IL Y A TOUT CE QU'IL FAUT POUR CELA, PAS PLUS LOIN QU'EN BAS DE CET IMMEUBLE !
AH ! AUTRE CHOSE, MON CHÉRI ! LA SEMAINE PROCHAINE, JE T'ENVERRAI LE TAPISSIER ET QUELQUES MEUBLES DIGNES DE CE NOM ! ...
... ET PUIS AUSSI QUELQUES TABLEAUX ! C'EST BON POUR LE MORAL, CROIS-MOI.

10-

DOCKS DE NEW BEDFORD
TU SAIS COMMENT ILS T'APPELLENT ?...
...“JOHNNY L'INTRUS”!
NEW BEDFORD
NEW BEDFORD
CONTINUE DE TE MOQUER DES TRADITIONS ET TU VERRAS QU'AUCUN PARTI POLITIQUE NE S'ASSOCIERA JAMAIS À TOI!
SHIT!... POURQUOI N'ENGAGES-TU QUE DES HOMMES JEUNES POUR TE SECONDER ?
C'EST L'EXPÉRIENCE QUI COMPTE EN CE DOMAINE!
L'EXPÉRIENCE! MON CUL, OUAIS! TES VIEUX POLITICARDS... TOUS DES PRÉDICATEURS CORROMPUS. ON EN A MARRE DE LEURS DISCOURS ET DE LEURS SERMONS!
DAD!... QUE CE SOIT BIEN CLAIR! C'EST MOI QUI SUIS CANDIDAT!
JE MÈNERAI MA CAMPAGNE COMME JE L'ENTENDS, ET PAS SELON TES MÉTHODES. ATTENDS-MOI ICI, TU VAS VOIR.
17-

HÉ ?! JOLIE PETITE POULETTE, HEIN ?
DAD ! C'EST PAS LE MOMENT ! ET PUIS, C'EST UNE PUTE !
ET ALORS ? ÇA A DU BON, LES PUTES !
POOOO
RIEN À DIRE ! T'ES LE MEILLEUR ! TU LES AS CONVAINCUS EN UN CLIN D'OEIL !
OK ! C'EST TOI, LE PATRON ! MAIS QUESTION FRIC, CAMPAGNE ET RELATIONS, FAIS CONFIANCE À TON VIEUX PÈRE ! LAISSE-LE TOUT DE MÊME T'AIDER.
AÏE !
CE N'EST RIEN ! C'EST MON DOS !

ÉTÉ 1952, HYANNIS PORT
TU AS FAIT UNE FORTE IMPRESSION SUR MON PÈRE ET SUR NOUS TOUS D'AILLEURS !
TU AS QUELQUE CHOSE DE MA SOEUR KICK, C'EST ÉVIDENT... ON ÉTAIT TRÈS COMPLICES TOUS LES DEUX, MÊME APRÈS SON MARIAGE
SALOPERIE! ELLE A TROUVÉ LA MORT DANS UN ACCIDENT D'AVION!
ALORS, PLUTÔT TURBULENTE, MA FAMILLE, HEIN ? PAS TROP SECOUÉE, MON PETIT ?! ...
JE DÉTESTE LE FOOT! CE QUE J'AIME PAR-DESSUS TOUT, CE SONT LES BALADES À CHEVAL, LA DÉCORATION D'INTÉRIEUR ET LA LECTURE, TU LE SAIS BIEN!
OUI, BIEN SÛR ... À PROPOS DE LECTURE, PASSE-MOI LE SAC, VEUX-TU .
VOILÀ ! C'EST POUR TOI! MES DEUX BOUQUINS PRÉFÉRÉS. COMME ÇA, TU SAURAS QUI JE SUIS EN RÉALITÉ .

13-

"PILGRIM'S WAY" ! POUR JOHN BUCHAN, LA VIE PUBLIQUE EST LA PLUS LOUABLE DES AMBITIONS.
JOHN BUCHAN PILGRIM'S WAY
LORD MELBOURNE LORD DAVID CECIL
QUANT À LORD DAVID CECIL, IL RELATE ICI L'UNIVERS COMPLEXE DES ARISTOCRATES DU DIX-HUITIÈME SIÈCLE, TON SIÈCLE PRÉFÉRÉ !
CES GRANDS HOMMES, DIT-ON, OSCILLAIENT ENTRE LE SÉRIEUX DE LA POLITIQUE ET LA QUÊTE DE PLAISIRS PLUS INTENSES.
JACK !
ALLONS, MON PETIT, TU SAIS QUE J'AI BESOIN DE TOI.
JE VEUX QUE TU SOIS LA MÈRE DE MES ENFANTS ET AUSSI MON AMIE...
... UNE VÉRITABLE AMIE, CELLE QUE J'AIMERAIS TENDREMENT ET À QUI JE POURRAIS TOUT CONFIER, MES ESPOIRS, MES INQUIÉTUDES ET MÊME AU BESOIN, MES CÔTÉS LES PLUS SOMBRES.
TIENS, SI JE SUIS ÉLU SÉNATEUR, JE DEVRAI PRONONCER UN DISCOURS, MON PREMIER GRAND DISCOURS EN POLITIQUE ÉTRANGÈRE. JE VEUX QUE CE SOIT SUR L'INDOCHINE ET SUR LA MENACE COMMUNISTE.
J'AI TROUVÉ UNE DOUZAINE D'OUVRAGES SUR LE SUJET MAIS ILS SONT ÉCRITS EN FRANÇAIS... TU M'AIDERAS À LES TRADUIRE, HEIN ?...
EH BIEN, ON PEUT DIRE QUE TU NE PERDS PAS LE NORD, TOI !
14_

FÉVRIER 1955
"CEPENDANT LA FIÈVRE HINDOUISTE S'ÉTENDAIT À TOUT LE NORD DU PAYS, TANDIS QU'AU PAKISTAN LE CRI DE L'ISLAM EN DANGER RETENTISSAIT À NOUVEAU. LA GUERRE PARUT ALORS INÉVITABLE."
HAAH !!... AUCUNE GUERRE N'EST INÉVITABLE POUR PEU QUE L'ON PUISSE FAIRE FI DE SON AMOUR-PROPRE !
JACKIE ? DIS-MOI ! QU'EST-CE QUE ÇA TE FAIT D'ÊTRE L'ÉPOUSE D'UN SÉNATEUR INFIRME QUE L'ON DIT FINI AU CONGRÈS ?
JACK ! TU AS FRÔLÉ LA MORT. OK, MAIS C'EST DU PASSÉ ! TA GUÉRISON N'EST PLUS QU'UNE QUESTION DE TEMPS ! LE DOCTEUR A DIT QUE TU POURRAIS BIENTÔT QUITTER L'HÔPITAL !
OUAIS ! POUR RESTER COUCHÉ COMME ÇA, À PLAT VENTRE, PENDANT DES MOIS ! ENFIN, CE TOUBIB A AU MOINS LE MÉRITE DE NE PAS RACONTER DE SALADES !
TU SAIS COMME MOI, QUE CETTE SALOPERIE FINIRA PAR ATTEINDRE LE COEUR. JE LUI AI DEMANDÉ DANS COMBIEN DE TEMPS ...
QUINZE ANS QU'IL A DIT. QUINZE ANS MAXIMUM ET POUR AUTANT QUE LA CORTISONE FASSE TOUJOURS SON EFFET !
ARRÊTE ÇA, JACK, TU TE FAIS DU MAL !
15.

TU VOIS, C'EST MARRANT ! J'AI TOUJOURS EU L'IMPRESSION QUE J'ALLAIS MOURIR DE... DE MORT VIOLENTE.
JE N'AI JAMAIS PENSÉ QUE JE POURRAIS M'ÉTEINDRE AINSI, PETIT À PETIT, QUE LES MUSCLES ME LÂCHERAIENT JUSQU'À UN JOUR EN DEVENIR UN LÉGUME.
JACK ! ARRÊTE ! ÇA NE TE RESSEMBLE PAS ! NOUS ALLONS RENTRER À PALM BEACH, ON FERA DE LA PEINTURE.
IL FAUT AUSSI QUE TU TERMINES TON BOUQUIN "PROFILES IN COURAGE" !
TU POURRAIS Y FIGURER, D'AILLEURS !
JACKIE, MA SEULE AMIE ! JE M'EN VEUX DE TE PRENDRE AINSI TOUT TON TEMPS !
JACK ! JE SUIS SI HEUREUSE ! ENFIN, JE N'AI PLUS À TE PARTAGER.
KHF KHAF
QUE DISAIS-TU ?
QUE JE SUIS BIEN PRÈS DE TOI...

16 AOÛT 1956. CONVENTION DÉMOCRATE DE CHICAGO
MESDAMES ET MESSIEURS, UN PEU D'ATTENTION, S'IL VOUS PLAÎT !
FLORIDA
NOUS DEMANDONS MAINTENANT À JOHN KENNEDY, SÉNATEUR DU MASSACHUSETTS, DE BIEN VOULOIR COMMENTER LE FILM "THE PURSUIT OF HAPPINESS" QUI RELATE NOS OBJECTIFS POUR LA PROCHAINE CAMPAGNE PRÉSIDENTIELLE.
WE NEED JACK !
KEN-NE-DY !!
MERCI MES AMIS, MERCI...
MON P'TIT... COMME TU AS L'AIR FATIGUÉE ! IL FAUT VRAIMENT QUE TU TE REPOSES, TOUTE CETTE AGITATION, CETTE CHALEUR ET DANS TON ÉTAT !
DRING ! DRING !
ALLO ! COMMENT ? PRONONCER LE DISCOURS DE SOUTIEN À STEVENSON ? MAIS BIEN SÛR QUE J'ACCEPTE ! JE L'AI TOUJOURS APPUYÉ COMME CANDIDAT À LA PRÉSIDENCE. C'EST POUR MOI UN GRAND HONNEUR !
LA T.V. COUVRE L'ÉVÈNEMENT ?! FORMIDABLE !... QUAND ? DANS DOUZE HEURES ! C'EST UN PEU COURT MAIS ÇA IRA ! JE ME METS TOUT DE SUITE AU TRAVAIL !
OK, JACK ! JE PRENDRAI QUELQUES JOURS DE REPOS CHEZ MA MÈRE, MAIS TOI, PROMETS-MOI DE PRENDRE SOIN DE TOI, MH ?
NE T'INQUIÈTE PAS ! QUAND TOUT ÇA SERA TERMINÉ JE PENSE REJOINDRE MON PÈRE SUR LA CÔTE D'AZUR...
17.

AOÛT 1956. CÔTE D'AZUR
JACK ! JE T'AVAIS DIT DE NE PAS TE PORTER CANDIDAT À LA VICE-PRÉSIDENCE. TU AS MANQUÉ DE PEU D'ÊTRE ÉLU !
C'EST CET IDIOT DE STEVENSON ! IL A ANNONCÉ À LA DERNIÈRE MINUTE QU'IL NE CHOISIRAIT PAS LUI-MÊME SON COLISTIER, LAISSANT LIBRES LES DÉLÉGUÉS DE DÉSIGNER LE NUMÉRO DEUX SUR LE "TICKET" DU PARTI.
ON A ÉTÉ PRIS DE COURT. ON N'A PAS PU FAIRE DU BON TRAVAIL ET C'EST KEFAUVER QUI L'A EMPORTÉ !
C'EST MIEUX AINSI ! TU VERRAS ! EISENHOWER NE FERA QU'UNE BOUCHÉE DE STEVENSON ET KEFAUVER SERA BALAYÉ AVEC LUI ! FINIE, SA CARRIÈRE POLITIQUE.
CE QUI EST IMPORTANT, C'EST CE DISCOURS QUE TU AS PRONONCÉ ! DES MILLIONS D'AMÉRICAINS T'ONT VU À LA T.V. MAINTENANT, ILS TE CONNAISSENT !
YOU-HOU !
HÉ-OOH !
SARDANAPALE
À PROPOS, DEMAIN MATIN, NOUS LEVONS L'ANCRE, TED ET MOI, POUR UNE CROISIÈRE QUI NE S'ANNONCE PAS TRÈS REPOSANTE !
HUITRES
MOULES
PALOURDES
CRABES
ARAIGNÉES
AH ! ... TED ET TOI, VOUS ME FAITES HONNEUR ! VOUS ÊTES DES HOMMES, DE VRAIS HOMMES !
'FAUDRAIT QUAND MÊME ESSAYER DE DÉCOINCER CE PAUVRE BOBBY ! TOUJOURS SOBRE, CHASTE, FIDÈLE ! C'EST À EN GERBER !
18

NEWPORT. LE 23 AOÛT 1956
PRÉVENEZ JACK TOUT DE SUITE.
ALLO ?!... BOBBY ?... ICI, C'EST JANET. OUI, LA MÈRE DE JACKIE. ELLE FAIT UNE HÉMORRAGIE.
HIHIHI
HAHAHA
JE VAIS VOUS TROUVEEER...
OH OUI, VITE, TROUVE-NOUS VITE...
HIHIHI
BOBBY !... ENFIN !... MAIS OÙ EST JACK ?
TOUJOURS DANS LE SUD DE LA FRANCE. JE N'ARRIVE PAS À LE JOINDRE.
ELLE EST EN SALLE D'OPÉRATION. ILS DOIVENT PRATIQUER UNE CÉSARIENNE.
MON DIEU ! DIRE QU'ELLE A DÉJÀ FAIT UNE FAUSSE COUCHE !
SEIGNEUR ! FAITES QUE TOUT SE PASSE BIEN !
HAYAAAH !
HIHIHI
JACKIE, C'EST MOI, BOB !
... ET... ET L'ENFANT ? ...
IL FAUT ÊTRE COURAGEUSE, PETITE SOEUR. DIEU L'A REPRIS. C'ÉTAIT UNE PETITE FILLE.
ARABELLA ! MA PETITE ARABELLA ! NON, JE NE VEUX PAS ! ... ET JACK ? OÙ EST JACK ? ...

CIMETIÈRE DE NEWPORT, 25 AOÛT
26 AOÛT...
RING! RING!
DAD? ÇA VA, TOI? MOI, JE NE DÉBANDE PAS! JE VAIS SANS DOUTE PROLONGER MES VACANCES, DAD!
JACK, ÉCOUTE-MOI BIEN! IL EST ARRIVÉ QUELQUE CHOSE DE TERRIBLE, JACKIE A PERDU LE BÉBÉ.
OUI, UNE HÉMORRAGIE. C'EST BOBBY QUI A CONDUIT LES FUNÉRAILLES À NEWPORT. RENTRE AU PLUS VITE. TA PLACE EST AUPRÈS DE JACKIE!
...
DAD, JE SUIS BIEN ICI, JE M'AMUSE. LE BÉBÉ EST MORT... O.K., C'EST BIEN TRISTE, MAIS PUISQUE BOBBY S'EST OCCUPÉ DE TOUT... JE NE VOIS PAS CE QUE JE POURRAIS FAIRE D'AUTRE!
NOM DE DIEU, JACK! LA PRESSE TE MASSACRE DÉJÀ! TU VEUX PERDRE TOUT LE BÉNÉFICE DE LA CONVENTION OU QUOI?!
NON? ALORS TU VAS SUR-LE-CHAMP RAMENER TON GROS CUL JUSQU'AU CHEVET DE TON ÉPOUSE OU BIEN TU VAS AVOIR TOUTES LES BONNES FEMMES DES ÉTATS-UNIS CONTRE TOI EN 1960! TU M'AS BIEN COMPRIS?!
20.

MAI 1957
LE VOILÀ !
M. LE SÉNATEUR !
MONSIEUR LE SÉNATEUR, VOUS VENEZ DE RECEVOIR LE PRIX PULITZER POUR VOTRE BEST-SELLER "PROFILES IN COURAGE". QUELLES SONT VOS PREMIÈRES IMPRESSIONS ?
J'AI TOUJOURS DIT QUE SI JE NE POUVAIS PAS ACCÉDER AUX PLUS HAUTES SPHÈRES EN POLITIQUE, JE SERAIS COMBLÉ D'ÊTRE RECONNU COMME ÉCRIVAIN.
ALORS, RECEVOIR LA PLUS GRANDE CONSÉCRATION LITTÉRAIRE DES ÉTATS-UNIS !...
"PROFILES IN COURAGE" ! POURQUOI, MONSIEUR LE SÉNATEUR, AVEZ-VOUS CHOISI, CETTE FOIS, DE RELATER LE PARCOURS CONTROVERSÉ D'HOMMES POLITIQUES SOUVENT PEU CONNUS ?
PARCE QUE CE N'ÉTAIT QUE JUSTICE À RENDRE À TOUS CES HOMMES QUI ONT O É BRAVER L'ORDRE ÉTABLI, LA HIÉRARCHIE BIEN-PENSANTE, POUR DÉFENDRE DE NOUVELLES IDÉES, DES IDÉES HUMANISTES ...
PEUT-ON PARLER, DANS LEUR CAS, DE COURAGE OU PLUTÔT DE COUPABLE INCONSCIENCE ?
AH! AH! HA! ÉTERNEL COMBAT ! IL APPARTIENT À CHACUN DE CHOISIR SON CAMP !

JE VOUS RAPPELLE QUE CETTE CAMPAGNE PRÉSIDENTIELLE DOIT ÊTRE PLUS QUE JAMAIS "NOUVELLES FRONTIÈRES"!
1960
OUAIS ! IL FAUT QU'ON VOIE JACK PARTOUT ! LES ÉLECTEURS DOIVENT AVOIR L'IMPRESSION DE LE CONNAÎTRE !
CHAQUE COUP DOIT PORTER !
IL NOUS FAUT DES HOMMES DE TERRAIN CAPABLES DE LUI ÉVITER LES MEETINGS DE MASSE ET D'ORGANISER DE VRAIS BAINS DE FOULE...
AVRIL, CHARLESTON
JACK PASSERA UNE JOURNÉE DANS CHAQUE RÉGION, 10 À 35 MINUTES DANS CHAQUE VILLE.
VIRGINIE OCCIDENTALE
IL FERA PLUSIEURS HALTES POUR S'ENTRETENIR AVEC DES ÉTUDIANTS, VISITER UNE MINE OU UNE USINE...
TEXAS
LE SOIR, IL S'ARRÊTERA DANS LA VILLE PRINCIPALE DE LA RÉGION. ON Y DONNERA UNE RÉCEPTION.
LES INVITÉS SERONT TRIÉS SUR LE VOLET. N'OUBLIEZ PAS DE CHOISIR DE PETITES SALLES DE FAÇON À TOUJOURS DONNER UNE IMPRESSION DE FOULE TRÈS DENSE.
MICHIGAN
JACK, GARDE TON STYLE DÉCONTRACTÉ ET PRONONCE DES DISCOURS, ENCORE DES DISCOURS, TOUJOURS DES DISCOURS !
IL FAUT LES ÉMOUVOIR JUSQU'À LEUR DONNER LA CHAIR DE POULE !
22.

MESDAMES, MESDEMOISELLES, MESSIEURS, BONSOIR. LES STATIONS DE RADIO ET DE TÉLÉVISION DES U.S.A. SONT TRÈS FIÈRES DE POUVOIR VOUS PRÉSENTER, POUR LA PREMIÈRE FOIS AU MONDE, UN DÉBAT ÉLECTORAL ENTRE LES CANDIDATS À LA PRÉSIDENCE...
CHICAGO, 26 SEPTEMBRE.
IL Y AURA D'ABORD POUR Mr KENNEDY ET ENSUITE POUR Mr NIXON, UN RAPPORT D'OUVERTURE DE HUIT MINUTES...
DICK, JE T'ASSURE, J.F.K. N'EST QU'UN SALE GAMIN, UNE VRAIE CHOCHOTTE!
LORS DE LA CAMPAGNE DE 1860, ABRAHAM LINCOLN A DÉCLARÉ QUE TOUTE LA QUESTION ÉTAIT DE SAVOIR SI NOTRE NATION POUVAIT ACCEPTER DE VIVRE EN SEMI-ESCLAVAGE.
IL ABSORBE DES TAS DE SIROPS POUR PROTÉGER SES CORDES VOCALES, ET CHAQUE SOIR, IL PREND SOIN DE SES PETITES MAINS ÉGRATIGNÉES PAR DES FANS TROP DÉMONSTRATIFS!
ET AUJOURD'HUI, EN 1960, LA QUESTION PRIMORDIALE RESTE LA MÊME! EST-CE QUE LE MONDE POURRA VIVRE DANS UN SEMI-ESCLAVAGE?
HIER, IL EST ARRIVÉ ICI TRÈS TÔT ET S'EST REPOSÉ TOUTE LA SOIRÉE À L'HÔTEL, LE CHER PETIT!
MONSIEUR KHROUCHTCHEV EST ACTUELLEMENT REÇU À NEW YORK ALORS QU'IL MAINTIENT L'INFLUENCE COMMUNISTE DANS LE MONDE ENTIER! QUANT AUX CHINOIS...
AVONS-NOUS FAIT CE QU'IL FALLAIT POUR DÉFENDRE LA LIBERTÉ DANS LE MONDE? JE N'EN SUIS PAS SI SÛR!
T'EN FAIS PAS, DICK, TU N'EN FERAS QU'UNE BOUCHÉE!
PAS PLUS QUE JE NE SUIS SATISFAIT DE CE QUE NOUS AVONS FAIT JUSQU'À PRÉSENT POUR LUTTER CONTRE LA PAUVRETÉ ET RENFORCER LA SÉCURITÉ SOCIALE!
ALLEZ! VAS-Y, JACK! TU LE TIENS!
23

HYANNIS PORT. NUIT DU 8 AU 9 NOVEMBRE
HÉ ?! IL EST CINGLÉ, CET ORDINATEUR ! IL ANNONCE LA VICTOIRE DE NIXON !
JACK ?! 250.000 NOIRS ONT VOTÉ POUR TOI DANS L'ILLINOIS !
BELLE FAÇON DE NOUS REMERCIER D'AVOIR FAIT LIBÉRER MARTIN LUTHER KING !
LES ENFANTS, IL EST 4 HEURES DU MATIN ! JE VAIS ME COUCHER ! IL FAUT GOÛTER CE MOMENT. CELUI OÙ ON NE PEUT PLUS RIEN FAIRE ET QUI N'EST PAS ENCORE CELUI DES REGRETS.
ÇA Y EST ! NIXON S'EST INCLINÉ !
ON A GAGNÉ !... MAIS, JACK ?!... JACK ?! OÙ VAS-TU ?...
MAIS... C'EST QUI, TOUS CES TYPES ?!...
DES HOMMES DES SERVICES SECRETS, MONSIEUR LE PRÉSIDENT.
APPELLE-MOI "PREZ", MON GARÇON ! MAIS DIS-MOI, ILS NE VONT QUAND MÊME PAS ME COLLER AU CUL COMME ÇA PENDANT 4 ANS ?!...
24.

WASHINGTON, D.C., 20 JANVIER 1961
HURRAY FOR J.F.K.!
YOUTH FOR THE PRESIDENT!
NOUS CÉLÉBRONS AUJOURD'HUI, NON PAS LA VICTOIRE D'UN PARTI MAIS UNE CÉRÉMONIE EN L'HONNEUR DE LA LIBERTÉ.
...À CES PEUPLES QUI VIVENT DANS LES BIDONVILLES ET DANS LA MISÈRE, NOUS PROMETTONS QUE NOUS FERONS TOUT POUR LES AIDER.
AU COURS DE L'HISTOIRE DU MONDE, PEU DE GÉNÉRATIONS ONT REÇU LA CHARGE DE DÉFENDRE LA LIBERTÉ MENACÉE...
NE VOUS DEMANDEZ PAS CE QUE VOTRE PAYS PEUT FAIRE POUR VOUS...
MAIS DEMANDEZ-VOUS CE QUE VOUS POUVEZ FAIRE POUR VOTRE PAYS!
ON PEUT DIRE CE QU'ON VEUT, HONEY, MAIS CES JEUNES GARS "NOUVELLES FRONTIÈRES", ILS ONT DES IDÉES RÉVOLUTIONNAIRES! ÇA NOUS CHANGE DES VIEUX BONZES!
25.

1961, MAISON-BLANCHE
ICI TOM. LE PRÉSIDENT SE DIRIGE VERS LA PISCINE AVEC DEUX NANAS !
QUOI?! MAIS C'EST LA TROISIÈME FOIS CE SOIR !
ÇA VA, TOM, ILS REVIENNENT !
NEUF MINUTES TRENTE, BILL ! PUTAIN ! LE PLUS CHAUD LAPIN DES U.S.A. VIENT DE BATTRE SON PROPRE RECORD !
26-

GLEN ORA, DIMANCHE 16 AVRIL
PASSEZ-MOI RICHARD BISSEL!
BISSEL? CONTINUEZ LES FRAPPES!...
C U B A
27.

DEAN RUSK !
CET ENFOIRÉ ME DEMANDE D'ANNULER L'ORDRE QUE JE VIENS DE DONNER CET APRÈS-MIDI...
MON PROPRE SECRÉTAIRE D'ÉTAT ! COMMENT OSE-T-IL ?
IL PRÉTEND QUE SI ON MAINTIENT LES FRAPPES AÉRIENNES SUR CUBA, LE MONDE ENTIER APPRENDRA NOTRE RESPONSABILITÉ DANS CETTE SALOPERIE D'HISTOIRE QUI NE NOUS CONCERNE PAS !
EH QUOI ? MÊME SI ON NE POUVAIT ACCEPTER QUE CUBA DEVIENNE, SI PRÈS DE NOS CÔTES, UN SATELLITE SOVIÉTIQUE, C'EST AVANT TOUT UNE HISTOIRE ENTRE CUBAINS !
J'AI TOUJOURS PENSÉ QUE C'ÉTAIT UN PROJET FOIREUX, MÊME SI C'ÉTAIT UNE IDÉE D'EISENHOWER !
OH, JACKIE ! JE DEVIENS FOU ! JE SUIS FAIT COMME UN RAT !
QUOI QUE JE FASSE, ILS VONT M'AVOIR ! ...
ET CETTE CHAUDE-PISSE QUI NE VEUT PAS ME LÂCHER !
28.

BUREAU OVALE, MINUIT, LE 18 AVRIL
DÉSOLÉ, MONSIEUR, D'AVOIR PERTURBÉ VOTRE RÉCEPTION MAIS L'URGENCE...
ACCOUCHEZ, AMIRAL !
MONSIEUR ! ON N'A QUE TROP TERGIVERSÉ ! IL NOUS FAUT AU PLUS VITE UN SOUTIEN AÉRIEN SANS QUOI NOUS COURONS À LA CATASTROPHE !
BURKE ! JE NE VEUX PAS QUE LES U.S.A. SE COMPROMETTENT DANS CETTE AFFAIRE.
MAIS NOM DE DIEU, MONSIEUR LE PRÉSIDENT, NOUS SOMMES DÉJÀ COMPROMIS !
NE JUREZ PAS BURKE !
COMPROMIS, DITES-VOUS ! À QUI LA FAUTE ? J'AVAIS CONSEILLÉ QUE NOS TROUPES RESTENT EN DEHORS DE CETTE OPÉRATION ...ET QU'EST-CE QUE J'APPRENDS ?
...UN HOMME-GRENOUILLE AMÉRICAIN A DÉJÀ PRIS PIED, IL Y A DEUX JOURS, DANS LA BAIE DES COCHONS !
VOUS M'AVIEZ CERTIFIÉ QUE L'INVASION SUSCITERAIT UN SOULÈVEMENT POPULAIRE ! ...IL N'EN EST RIEN !
EN CAS DE PROBLÈME, LES TROUPES POURRAIENT SOI-DISANT SE RETIRER DANS LES MONTAGNES... BIEN !...
ET LES MARAIS QUI LEUR BARRENT LA ROUTE... VOUS N'EN AVEZ JAMAIS FAIT MENTION ?!
RING
RING
29.

JACK, NOS B-26 SONT SANS DÉFENSE !
MAIS BORDEL DE DIEU !... C'EST QUOI CES B-26 ? CEUX QUI ÉTAIENT DE RÉSERVE AU NICARAGUA, JE SUPPOSE ! QU'EST-CE QUE VOUS AVIEZ BESOIN DE LES ENVOYER SUR CUBA, SANS MON ORDRE ?
C'EST BON ! NOUS NE POUVONS PLUS RECULER !
A L'AUBE, SIX APPAREILS BANALISÉS DÉCOLLERONT DU PORTE-AVION ESSEX ET SURVOLERONT LA BAIE DES COCHONS POUR PROTÉGER NOS B-26 !
CUBA
ATTENTION ! J'INTERDIS FORMELLEMENT QU'ILS RECHERCHENT LE COMBAT OU QU'ILS VISENT DES CIBLES AU SOL !
QUANT À VOUS, VOUS M'AVEZ TRAHI ! OUI, VOUS LES CHEFS D'ÉTATS-MAJORS ! TOUT COMME LA CIA, D'AILLEURS !
OK. JE SUIS LE PRÉSIDENT. J'ASSUME LA RESPONSABILITÉ DE CETTE MERDE !
MAIS JE SAURAI EN TIRER LES CONSÉQUENCES !
MONSIEUR LE PRÉSIDENT, JE VOUS ASSURE QUE ...
SHUT UP !
30

...C'EST POURQUOI, NOUS AVONS CHOISI D'ALLER SUR LA LUNE !
WASHINGTON, 25 MAI 1961
JE VEUX EN EFFET QUE LE PREMIER HOMME, À Y POSER LE PIED SOIT UN AMÉRICAIN !... ET JE VEUX QUE CET EXPLOIT AIT LIEU AVANT LA FIN DE CETTE DÉCENNIE !
LE PRÉSIDENT A DEMANDÉ AU CONGRÈS D'APPROUVER CE PROJET DONT LE COÛT EST ÉVALUÉ À PRÈS DE HUIT MILLIARDS DE DOLLARS.
APOLLO LUNAR MISSION
LE CHEF DE L'ÉTAT AFFIRME QUE L'AMÉRIQUE DOIT DEVENIR LE LEADER EN MATIÈRE DE CONQUÊTE SPATIALE...
... ET CE PROJET POURRAIT DÉTERMINER LA CLÉ DE NOTRE AVENIR !
EH QUOI ? J'AI RAISON, NON ?...
GAGARINE, NOUS A COIFFÉS AU POTEAU ! ...
... À UN MOIS PRÈS !
LES RUSSES NE PEUVENT PAS GAGNER SUR TOUS LES TABLEAUX !
CETTE FOIS, MON PETIT, NOUS ALLONS RENVERSER LA VAPEUR !
31.

HYANNIS PORT, ÉTÉ 1961
TU VIENS, JACK ?
EXCUSE-MOI, JACKIE. UN COUP DE FIL À DONNER ET J'ARRIVE.
ICI VOTRE AMI ! JE RENTRE CE SOIR... EST-CE QUE CELA VOUS DIRAIT DE PRENDRE UN VERRE TOUT À L'HEURE, MON CHOU ?!...
HEY JACKIE, SI ON FAISAIT UN TOUR EN MER ?
OUI, FORMIDABLE ! LES ENFANTS ADORENT ÇA ! ET MOI, JE FERAI DU SKI NAUTIQUE !
(QU'EST-CE QU'ILS SONT COINCÉS ! S'IL N'Y AVAIT PAS LES ENFANTS, ON POURRAIT CROIRE QU'ILS SONT FRÈRE ET SOEUR !)
32.

HYANNIS PORT, JUILLET 1944
KICK? KICK? OÙ TE CACHES-TU?
KICK?
HÉ ?! JACK ?! KICK ?!... ATTENDEZ-NOUS !
CES DEUX-LÀ, S'ILS N'ÉTAIENT PAS FRÈRE ET SOEUR, ON POURRAIT CROIRE QU'ILS SONT AMANTS !

33

VERSAILLES, 2 JUIN 1961
Mrs KENNEDY, J'AI APPRIS QUE VOUS AIMIEZ BEAUCOUP LES PEINTRES IMPRESSIONNISTES... SI, VOUS LE VOULEZ, DEMAIN, JE VOUS FERAI VISITER, EN TOUTE DISCRÉTION, LE MUSÉE DU JEU DE PAUME.
JE... VEUILLEZ M'EXCUSER, MONSIEUR MALRAUX !
MONSIEUR LE PRÉSIDENT, JE PENSE QUE JE POURRAIS TRADUIRE DE MANIÈRE PLUS SUBTILE VOS PROPOS ET CEUX DE JACK !
ET VOUS VOUDRIEZ FAIRE UNE ENTORSE AU PROTOCOLE ?! ET POURQUOI PAS, MON ENFANT ?...
ALORS, DITES BIEN AU PRÉSIDENT QU'IL NE S'ENLISE PAS EN INDOCHINE, ET QU'IL TIENNE BON FACE AUX SOVIÉTIQUES SUR LA QUESTION DE BERLIN ! KHROUCHTCHEV MÉPRISE CEUX QUI NE LUI TIENNENT PAS TÊTE !
AH ! CHAQUE FOIS QUE LE GÉNÉRAL POSE LE REGARD SUR JACKIE, IL CRAQUE ! C'EST COMME UN GRAND-PÈRE GÂTEAU...
34.

VIENNE, 3 JUIN. PALAIS DE SCHÖNBRUNN
LE PRÉSIDENT A ÉTÉ SAGE DE REVENIR SUR SA DÉCISION D'ENVOYER DES MARINES AU LAOS !
MAIS C'EST COMPLÈTEMENT FAUX !
VOUS SAVEZ, Mrs KENNEDY, IL Y A ACTUELLEMENT BEAUCOUP PLUS DE MAÎTRES D'ÉCOLE EN UKRAINE QU'AVANT LA RÉVOLUTION. SELON LES CHIFFRES ...
AH NON ! PITIÉ, MONSIEUR LE PRÉSIDENT ! NE M'ENNUYEZ PAS AVEC DES STATISTIQUES !
À PROPOS, MONSIEUR LE PRÉSIDENT, J'ADORE LES ÉCRIVAINS RUSSES. JE SERAIS TRÈS HEUREUSE SI VOUS ME PARLIEZ DE L'UKRAINE À L'ÉPOQUE DES TSARS.
HAHAHA ! VOUS ALORS ! JE SENS QUE NOUS ALLONS BIEN NOUS ENTENDRE, TOUS LES DEUX !
35.

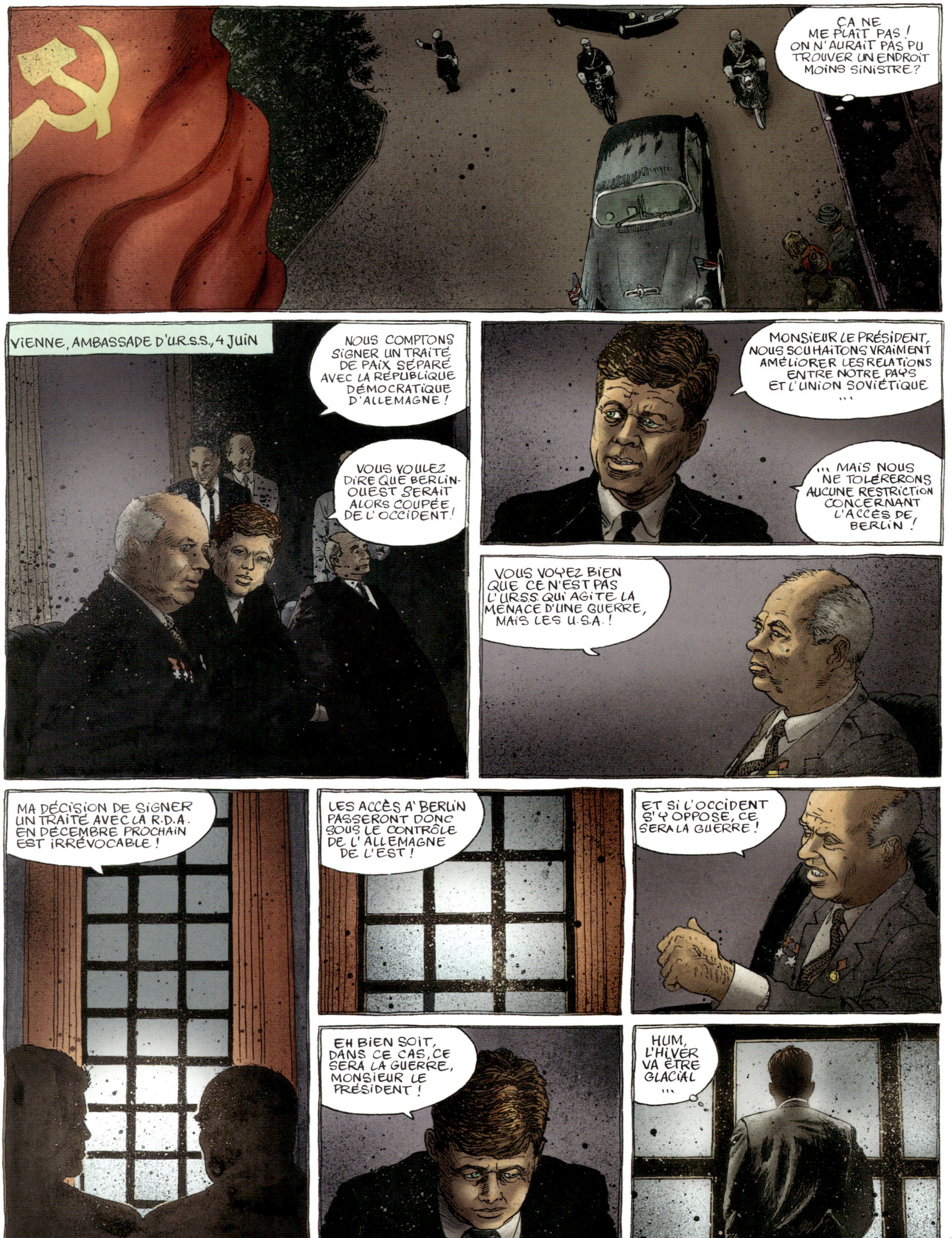
ÇA NE ME PLAÎT PAS ! ON N'AURAIT PAS PU TROUVER UN ENDROIT MOINS SINISTRE ?
VIENNE, AMBASSADE D'U.R.S.S., 4 JUIN
NOUS COMPTONS SIGNER UN TRAITÉ DE PAIX SÉPARÉ AVEC LA RÉPUBLIQUE DÉMOCRATIQUE D'ALLEMAGNE !
VOUS VOULEZ DIRE QUE BERLIN-OUEST SERAIT ALORS COUPÉE DE L'OCCIDENT !
MONSIEUR LE PRÉSIDENT, NOUS SOUHAITONS VRAIMENT AMÉLIORER LES RELATIONS ENTRE NOTRE PAYS ET L'UNION SOVIÉTIQUE ...
... MAIS NOUS NE TOLÉRERONS AUCUNE RESTRICTION CONCERNANT L'ACCÈS DE BERLIN !
VOUS VOYEZ BIEN QUE CE N'EST PAS L'URSS QUI AGITE LA MENACE D'UNE GUERRE, MAIS LES U.S.A. !
MA DÉCISION DE SIGNER UN TRAITÉ AVEC LA R.D.A. EN DÉCEMBRE PROCHAIN EST IRRÉVOCABLE !
LES ACCÈS À BERLIN PASSERONT DONC SOUS LE CONTRÔLE DE L'ALLEMAGNE DE L'EST !
ET SI L'OCCIDENT S'Y OPPOSE, CE SERA LA GUERRE !
EH BIEN SOIT, DANS CE CAS, CE SERA LA GUERRE, MONSIEUR LE PRÉSIDENT !
HUM, L'HIVER VA ÊTRE GLACIAL ...
36.

MADISON SQUARE GARDEN, LE 19 MAI 1962
MONSIEUR LE PRÉSIDENT! MESDAMES ET MESSIEURS ! IL N'EST PLUS BESOIN DE VOUS PRÉSENTER MARILYN !
BON ANNIVERSAIRE, JACK !
QUELLE ROBE, JACK ! POUR UN PEU, ON CROIRAIT QU'ELLE EST NUE !
ET QUEL CUL ! JE SAIS DE QUOI JE PARLE !
HAP... PY... BIRTH... DAY... TO... YOU... MISTER PRESIDENT ...
PUTAIN ! APRÈS UN TEL HOMMAGE, JE PEUX QUITTER LA POLITIQUE !
...
37

OCTOBRE '62
ICI AUSSI, DES INSTALLATIONS DE MISSILES SOVIÉTIQUES, À SEULEMENT 150 KILOMÈTRES DE NOS CÔTES !
CUBA AURAIT DÛ ÊTRE ENVAHIE QUAND IL EN ÉTAIT ENCORE TEMPS !
QU'EST-CE QU'ON ATTEND POUR LES BOMBARDER ?!
NON ! LES RUSSES L'INTERPRÉTERAIENT COMME UNE DÉCLARATION DE GUERRE ! ET ILS POURRAIENT ALORS BOMBARDER BERLIN !
ILS N'OSERONT PAS !
NOUS SOMMES FACE À UNE MENACE DE GUERRE MONDIALE ...
DANS QUELQUES JOURS, J'ANNONCERAI MA DÉCISION AU PEUPLE AMÉRICAIN.
MESSIEURS, SORTEZ ! ...
BOB, TU RESTES !
TOI ET MOI, ON PREND LA DIRECTION DES OPÉRATIONS !
CETTE FOIS, JE NE VEUX PAS DE LA C.I.A., NI DE L'ÉTAT-MAJOR !
ON NE RENOUVELLERA PAS L'ÉCHEC DE LA "BAIE DES COCHONS" !
38

KENNEDY A DÉCIDÉ LE BLOCUS DE CUBA !
DEMANDEZ LE WASHINGTON POST !
TATTOOING
TU CROIS QU'IL VA Y AVOIR LA GUERRE, PAPA ?! ...
HÉÉÉ, ALLÓRA, CARMELO, C'EST PAS VRAI QU'ILS VONT REMETTRE ÇA, NO ?
PARTOUT LES MAGASINS ONT ÉTÉ PILLÉS. ON NE TROUVE PLUS UN MORCEAU DE SUCRE DANS TOUT LE PAYS ! LES GENS FONT DES RÉSERVES ! DANS LA RÉGION PARISIENNE...
HÉ, MAMAN ?! T'AS PENSÉ À ACHETER DU GLUCOSE ?! ...
VOUS N'AVEZ PAS ENCORE COMPRIS ! IL NE CÉDERA PAS !
NON ! IL NE FAUT PAS DÉRANGER PAPA !
39.

JACK ?! ...
JACK ?! ...
JACK, JE VIENS D'APPRENDRE QUE LES NAVIRES SOVIÉTIQUES FONT DEMI-TOUR ! ILS N'ONT PAS FORCÉ LE BLOCUS !
SAMEDI 27 OCTOBRE ...
JE SAIS ! JE VIENS DE RECEVOIR UN MESSAGE DE KHROUCHTCHEV ! IL PROPOSE LE RETRAIT DE SES MISSILES EN ÉCHANGE DE LA LEVÉE DU BLOCUS DE CUBA ET LA PROMESSE DE NE PAS ENVAHIR L'ÎLE !
QUOI ?... C'EST TOUT ?!
NON... IL VEUT AUSSI LE RETRAIT DES MISSILES JUPITER QUE NOUS AVONS EN TURQUIE !
NE ME DIS PAS QUE TU AS ACCEPTÉ ?! ...
C'EST LE RÔLE D'UN CHEF D'ÉTAT D'ÉVITER LA GUERRE !
T'ES UN GRAND PRÉSIDENT, JACK ! TU T'ES VRAIMENT DÉFONCÉ !
BIEN PLUS ENCORE QUE TU NE LE PENSES ! ÇA FAIT TREIZE JOURS QUE JE N'AI PAS BAISÉ !
40

FAIRE DE LA POLITIQUE, JACK, C'EST AVANT TOUT ÊTRE EN BONS TERMES AVEC CEUX QUI DIRIGENT LE MONDE ET AVEC CEUX QUI ONT LE FRIC !
VOUS N'AURIEZ JAMAIS DÛ NOMMER VOTRE FRÈRE MINISTRE DE LA JUSTICE ! IL EST BIEN TROP JEUNE ET TROP IMPÉTUEUX !
PENSEZ DONC À TOUTES SES ERREURS D'APPRÉCIATION ! IL S'EN EST PRIS À HOFFA, AU CRIME ORGANISÉ ET MAINTENANT, IL NOUS VIRE LE PATRON DE LA C.I.A. !
FRANCHEMENT, JACK, VOUS DEVEZ ABSOLUMENT LE CHAPERONNER !
MAIS SI JE VOUS AI DEMANDÉ CE RENDEZ-VOUS, C'EST AUSSI POUR VOUS PARLER DE VOS CONQUÊTES, JACK... VOUS N'ÊTES PAS ASSEZ PRUDENT DANS LE CHOIX DE CES JEUNES PERSONNES !
RAPPELEZ-VOUS, IL Y A DES ANNÉES, LA TRÈS BELLE INGA ARVAD...
...ELLE ÉTAIT SOUPÇONNÉE D'ÊTRE UNE ESPIONNE À LA SOLDE DES NAZIS !
ET À PRÉSENT, ON NE PARLE PLUS QUE DE MARY MEYER ET DE JUDY CAMPBELL !
FFFT ! MARY N'A JAMAIS FAIT DE POLITIQUE ! HOOVER, ÇA, JE M'EN PORTE GARANT !
41.

C'EST EXACT ! MAIS JE ME SUIS LAISSÉ DIRE QU'ELLE VOUS AVAIT PRÉSENTÉ LE BON DOCTEUR "FEELGOOD", GRAND POURVOYEUR DE DROGUES DEVANT L'ÉTERNEL !
AH ! HOOVER ! IL FAUT TOUJOURS QUE VOUS VOYIEZ LE MAL PARTOUT !
ET CAMPBELL ? PUTAIN, JACK ! VOUS SAVEZ COMME MOI QU'ELLE EST AUSSI LA MAÎTRESSE DE GIANCANA ! SE PARTAGER UNE NANA AVEC UN "PARRAIN" DE LA PÈGRE ! VOUS ÊTES COMPLÈTEMENT FOU, OU QUOI ?
DOIS-JE VOUS RAPPELER QUE VOTRE PÈRE A SOLLICITÉ L'AIDE DE GIANCANA POUR FAVORISER VOTRE ÉLECTION DANS L'ILLINOIS ET LA VIRGINIE OCCIDENTALE ?
ET VOUS LE FAITES COCU !!
MAIS BORDEL DE MERDE ! C'EST LA MOITIÉ DE L'AMÉRIQUE QUE VOUS VOUS METTEZ A' DOS !
COMMENT VOULEZ-VOUS QU'ON VOUS PROTÈGE ?! ...
AVANT, JE POUVAIS FAIRE APPEL À VOTRE PÈRE POUR VOUS RAISONNER, MAIS DEPUIS SA CONGESTION CÉRÉBRALE ...
RIEZ ! RIEZ, JACK ! VOUS ME FAITES PENSER À UN MORCEAU DE FROMAGE QUE CONVOITERAIT TOUTE UNE FAMILLE DE SOURIS ! TÔT OU TARD, ELLES VOUS MANGERONT TOUT CRU, ... JACK !
42.

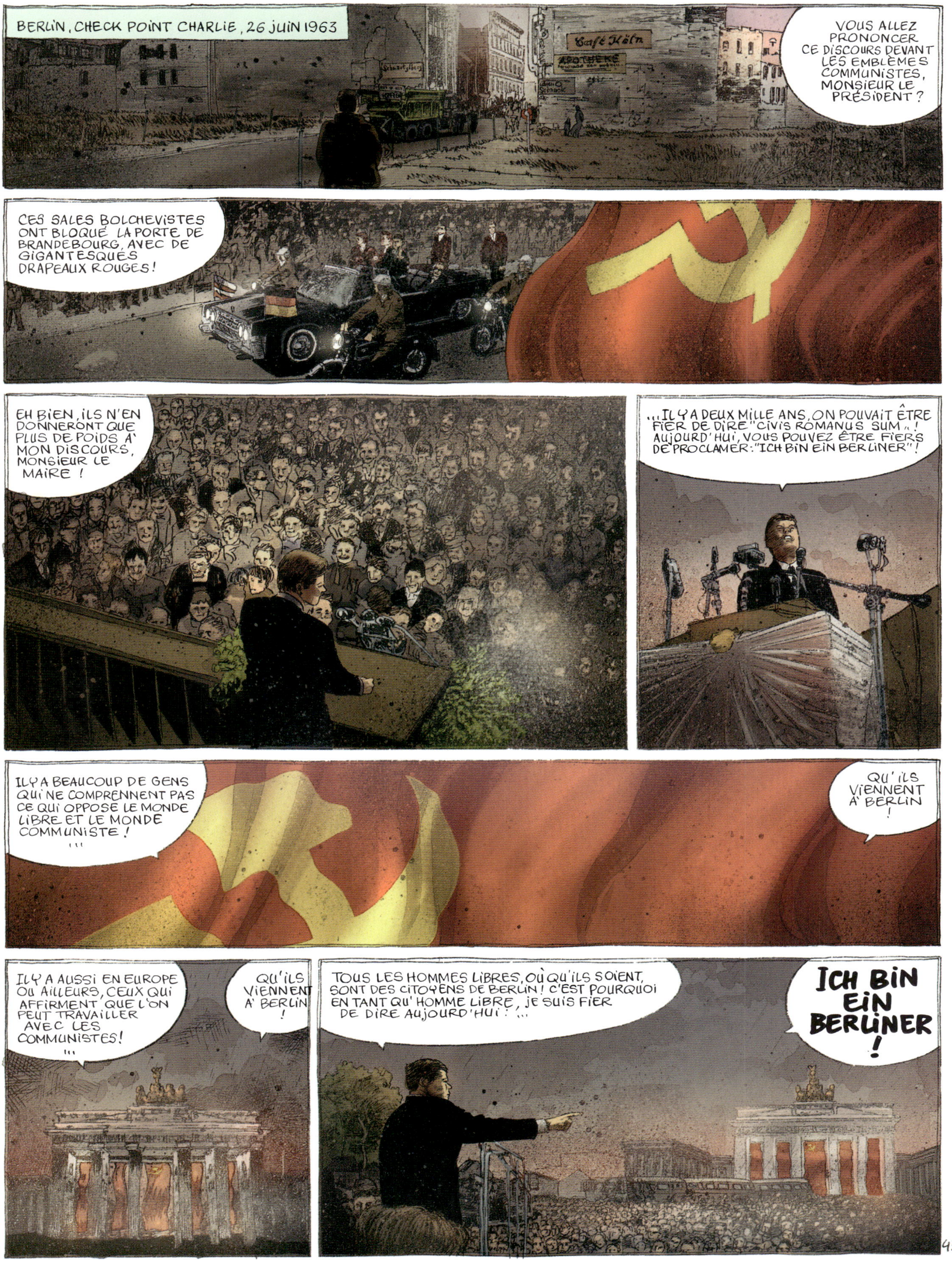
BERLIN, CHECK POINT CHARLIE, 26 JUIN 1963
VOUS ALLEZ PRONONCER CE DISCOURS DEVANT LES EMBLÈMES COMMUNISTES, MONSIEUR LE PRÉSIDENT ?
CES SALES BOLCHEVISTES ONT BLOQUÉ LA PORTE DE BRANDEBOURG, AVEC DE GIGANTESQUES DRAPEAUX ROUGES !
EH BIEN, ILS N'EN DONNERONT QUE PLUS DE POIDS À MON DISCOURS, MONSIEUR LE MAIRE !
... IL Y A DEUX MILLE ANS, ON POUVAIT ÊTRE FIER DE DIRE "CIVIS ROMANUS SUM" ! AUJOURD'HUI, VOUS POUVEZ ÊTRE FIERS DE PROCLAMER : "ICH BIN EIN BERLINER" !
IL Y A BEAUCOUP DE GENS QUI NE COMPRENNENT PAS CE QUI OPPOSE LE MONDE LIBRE ET LE MONDE COMMUNISTE ! ...
QU'ILS VIENNENT À BERLIN !
IL Y A AUSSI EN EUROPE OU AILLEURS, CEUX QUI AFFIRMENT QUE L'ON PEUT TRAVAILLER AVEC LES COMMUNISTES ! ...
QU'ILS VIENNENT À BERLIN !
TOUS LES HOMMES LIBRES, OÙ QU'ILS SOIENT, SONT DES CITOYENS DE BERLIN ! C'EST POURQUOI EN TANT QU'HOMME LIBRE, JE SUIS FIER DE DIRE AUJOURD'HUI : ...
ICH BIN EIN BERLINER !

43-

1963... BOSTON CHILDREN HOSPITAL
Children's Hospital
Main Entrance
JE SUIS DÉSOLÉ, NOUS AVONS FAIT L'IMPOSSIBLE MAIS SON COEUR N'A PAS SUPPORTÉ LES EFFORTS À FAIRE POUR RESPIRER.
TU ES UN MAGNIFIQUE BÉBÉ ! TU T'ES BIEN BATTU !
FALMOUTH, OTIS AIR FORCE BASE HOSPITAL, LE 10 AOÛT...
JE LUI AI MIS AUTOUR DU COU LA MÉDAILLE DE SAINT CHRISTOPHE QUE TU M'AVAIS OFFERTE, POUR QU'IL FASSE BON VOYAGE...
TU AS BIEN FAIT, JACK.
U.S. AIR FORCE
53691
BASE
TAL
JE L'AIMAIS DÉJÀ TELLEMENT, CE BÉBÉ ! COMMENT AI-JE PU ME SENTIR SI PEU CONCERNÉ PAR LA PERTE DE NOTRE PREMIER ENFANT !
C'EST COMME SI UN VOILE SE DÉCHIRAIT, JACKIE !
J'AI SOUVENT MAL AGI... MA PETITE SOEUR ROSEMARY !... PÈRE N'A JAMAIS ACCEPTÉ SON RETARD MENTAL. TU SAIS QU'IL LUI A FAIT SUBIR UNE LOBOTOMIE ET ELLE EST DEVENUE UN LÉGUME... ET MOI, J'AI LAISSÉ FAIRE...
EST-CE QUE C'EST UNE PUNITION, JACKIE ?... MAIS CE SERAIT TELLEMENT INJUSTE POUR TOI ! TU N'Y ES POUR RIEN ! JE NE SAIS PLUS OÙ J'EN SUIS ! AIDE-MOI, JE T'EN PRIE !
44.

20 NOVEMBRE 1963
♫ DON'T LET IT BE FORGOT... THAT ONCE THERE WAS A SPOT FOR ONE BRIEF, SHINING MOMENT ... ♫
THAT WAS KNOWN AS CAMELOT...
MONSIEUR LE PRÉSIDENT, QUELLE SOIRÉE MÉMORABLE! HÉLAS, JE DOIS DÉJÀ PRENDRE CONGÉ. NOUS PARTONS DEMAIN MATIN AU JAPON, POUR PRÉPARER VOTRE PROCHAINE VISITE.
LE JAPON! JE VOUS ENVIE, SALINGER! MOI, JE VAIS AU TEXAS...
MAIS VOUS ALLEZ FAIRE UN VOYAGE FORMIDABLE ET ATTIRER LES FOULES COMME D'HABITUDE.
JE NE SAIS PAS... CE MONDE N'EST PAS TOUJOURS COMME CELUI DE CETTE COMÉDIE MUSICALE! ...
LE SUD, C'EST LA HAINE, LA FRUSTRATION, LE DÉSESPOIR. ILS ONT DÉJÀ CONSPUÉ DES POLITIQUES, VOUS SAVEZ! ... MON ENTOURAGE VOUDRAIT QUE J'ANNULE CE VOYAGE...
ET MÊME HOOVER ME DIT QU'IL Y A DES TAS DE GENS QUI VEULENT MA PEAU!
POURTANT, UN PRÉSIDENT NE DOIT PAS ÉPROUVER D'APPRÉHENSION AVANT D'ENTRER DANS UNE VILLE DE SON PAYS, N'EST-CE PAS?!
45.

1923
LES GARÇONS!
ARRÊTEZ ÇA TOUT DE SUITE!
OH JOE, VOYONS! TON PETIT FRÈRE EST FRAGILE, TU LE SAIS! TU N'AS PAS À PROUVER QUE TU ES LE PLUS FORT! TU DEVRAIS AVOIR HONTE!
NON, ROSE! C'EST JACK QUI DEVRAIT AVOIR HONTE! PLEURER, C'EST ÊTRE LÂCHE!
JACK, TOUTE TA VIE DURANT, TU DEVRAS COMBATTRE TES FAIBLESSES ET T'AFFIRMER! UN KENNEDY NE BAISSE PAS LES BRAS!
DANS LA FAMILLE, LES HOMMES ONT TOUJOURS BU SEC, BAISÉ LES FILLES ET IMPOSÉ LEUR VOLONTÉ AUX AUTRES! NE L'OUBLIE JAMAIS!
JOE, VOYONS! TU T'ADRESSES À DES ENFANTS!
EH QUOI? IL N'EST JAMAIS TROP TÔT POUR APPRENDRE!
ALLEZ! OUSTE! RENTRE! SOIGNE-MOI CE BOBO ET QU'ON N'EN PARLE PLUS! COMPRIS, JOHN FITZGERALD KENNEDY?
J.F.K.? ...
JACK? ...
TH. BOUÜERT + M.&J.F. CHARLES 2005.

YOUTH FOR KENNEDY
LEADERSHIP FOR THE 60'S